CONDITIONS DE LA VENTE

Elle sera faite au comptant.

Les acquéreurs payeront en sus des enchères *cinq pour cent*, applicables aux frais.

L'exposition mettant le public à même de se rendre compte de l'état des objets, il ne sera admis aucune réclamation une fois l'adjudication prononcée.

Paris. — Imp. de l'Art, E. Ménard et Cie, 41, rue de la Victoire.

Désignation des Objets

TABLEAUX

1 — **Albane** (École de l'). Diane et Apollon.

2 — **Poussin** (École du). Offrande à Flore.

3 — **Ecole italienne**. La Sainte Famille.

4 — **Brill** (**Paul**). Paysage boisé avec cours d'eau, animé de figures.

5-6 — **Ecole française**. Portrait de jeune prince portant les insignes de la Toison d'or. Portrait de jeune princesse. Avec cadres anciens en bois sculpté et doré. Deux pendants.

7 — **Ecole italienne**. Combat de chiens et de taureaux. Cadre ancien, bois sculpté et doré.

8 — **Ecole italienne**. La Salutation.

VENTES PAR SUITE DE DÉPART

Et volontaire

HÔTEL DROUOT, SALLE N° 6

Les Jeudi 20, Vendredi 21 et Samedi 22 Novembre 1890

à deux heures un quart

MOBILIER ANCIEN ET DE STYLE

Joli Salon en tapisserie Louis XVI

Meubles en marqueterie et bois sculpté

ornés de bronzes

TABLEAUX ANCIENS

DES DIFFÉRENTES ÉCOLES

OBJETS D'ART ET DE CURIOSITÉ

BIJOUX

TENTURES, TAPISSERIES

Autographes

Me F. ALBINET	M. A. BLOCHE
COMMISSAIRE-PRISEUR	EXPERT PRÈS LA COUR D'APPEL
51, rue Maubeuge, 51	25, rue de Châteaudun, 25

EXPOSITION PUBLIQUE

Le Mercredi 19 Novembre 1890, de deux heures à six heures

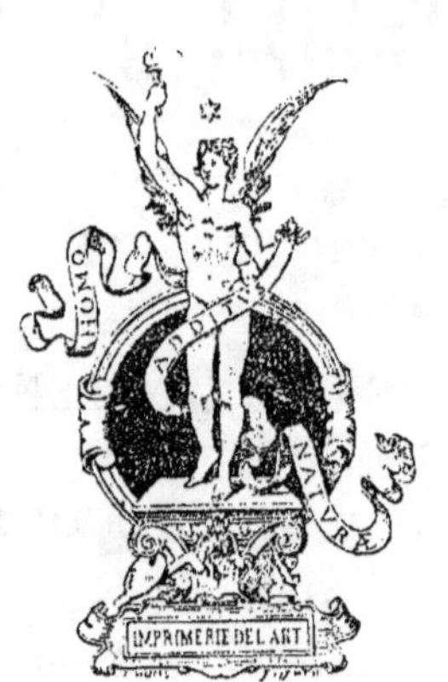
HOMO
ADDIT
NATVRÆ
IMPRIMERIE DEL ART

9 — **Lancret** (D'après). Le Troubadour.

10 — **Ecole flamande**. Le Passage du gué. Paysage, avec château fort.

11 — **Jouvenet**. La Vierge et l'Enfant. Grisaille. Trompe-l'œil de gravure.

12 — **Ronmy**. Paysage d'Italie; montagnes et cascades.

13 — **Patel** (Attribué à). Paysage et ruines d'Italie, animés de figures.

14 — **Ecole flamande**. Le Repos champêtre.

15 — **Ecole moderne**. Souvenir des Alpes.

16 — **Ecole moderne**. Souvenir de Suisse. Deux pendants.

17 — **Ecole française**. Diane et ses nymphes surprises par Actéon. Gravure en couleur.

18 — **Wouwermans** (D'après). Le Coup de l'étrier. Grande gouache.

19 — **Ecole française**. Ariane et Bacchus.

20 — **Ecole hollandaise**. Portrait d'homme avec toque à plume. Cadre ancien bois sculpté et doré.

21 — **Saftleven** (Attribué à). Paysage montagneux arrosé par un fleuve et animé de figures.

22 — **Jacobson (David)**. La Lecture de la lettre.

23 — **Ecole ancienne**. Deux portraits d'homme dans un même cadre.

24 — **Ecole flamande**. Route dans un paysage montagneux animé de voiture et de figures

25 — **Teniers** (École de). Le Buveur. Cadre ancien bois sculpté.

26 — **Ecole française**. Environs de ferme, avec cours d'eau.

27 — **Ecole francaise**. Portrait d'une princesse avec manteau fleurdelisé et ordre du Saint-Esprit. Cadre ancien bois sculpté et doré.

28 — **Ecole hollandaise**. Portrait d'homme, époque Louis XIV. Peinture sur cuivre.

29 — **Ecole hollandaise**. Portrait d'homme en costume noir avec fraise.

3o — **Hensz**. Route animée de voiture, de mulets et de personnages, dans un paysage montagneux et boisé arrosé par une rivière.

3 1 — **Parrocel** (Attribué au). Combat de cavaliers.

3 2 — **Hauger**. Vue du Vieux château, à Bade, et du château d'Eberstein. Deux aquarelles.

33 — **Breughel** (École de). L'Attaque d'un convoi.

34 — **Bourguignon** (Genre de). Épisode de bataille.

35 — **Ecole flamande**. La Partie de dés.

36 — **Rigault** (Attribué à). Portrait du roi Louis XIV.

37 — **Lagrené** (Genre de). Vénus chez Vulcain.

38 — **Rembrandt** (École de). Portrait d'homme avec pelisse garnie de fourrure.

39 — **Teniers** (D'après). Scènes d'intérieur fla-
mandes. Deux très belles gouaches, d'une
finesse de touche et d'expression remar-
quable. (Deux tableaux.)

40 — **Diétrich**. La Collation. Composition de
huit personnages.

41 — **Diaz** (D'après). La Mare.

OBJETS D'ART ET D'AMEUBLEMENT

42 — Deux décorations de croisées en tapisserie
de Belleville, décor fleurs et fruits avec embrasses assorties.

43 — Secrétaire à tiroirs en marqueterie.

44 — Paire de candélabres en bronze doré.

45 — Lustre en cuivre, décor fleurs de lis.

46 — Devant de feu en cuivre.

47 — Pelle en bronze ciselé et doré.

48 — Pince en acier poli.

49 — Deux embrasses porte-pincettes anciennes, en cuivre ciselé.

50 — Deux appliques en bronze doré. Louis XVI.

51 — Deux appliques anciennes en bronze doré, modèle différent.

52 — Glace biseautée avec cadre en bois sculpté et doré.

53 — Petit canapé couvert en ancienne soierie.

54 — Quatre fauteuils anciens.

55 — Table carrée en vieux chêne sculpté.

56 — Table carrée en bois. Style ancien.

57 — Tapis en moquette.

58 — Bureau cylindre en marqueterie.

59 — Cabinet italien orné d'incrustations d'i-voire.

60 — Ameublement de salon en bois sculpté et

doré, couvert en tapisserie à sujets, représentant les fables de La Fontaine, composé d'un canapé, quatre fauteuils et quatre chaises. Louis XVI.

61 — Deux fauteuils en bois sculpté ancien.

62 — Deux décorations de croisées en soierie avec bandes en tapisserie de Belleville, décor à fleurs avec embrasses assorties.

63 — Deux beaux vases avec couvercles en porcelaine, genre de Sèvres ; monture en bronze doré.

64 — Garniture de foyer en bronze doré.

65 — Fauteuil à haut dossier en bois sculpté, couvert en étoffe ancienne.

66 — Quatre chaises couvertes en soierie ancienne.

67 — Chien en bronze, de P. J. Mène.

68 — Cheval en bronze : Gladiateur.

69 — Statuette en bronze : la Vénus de Milo.

70 — Groupe en bronze : la Querelle d'enfants.

71 — Grande coupe en porcelaine genre Sèvres ; monture en bronze doré.

72 — Deux statuettes en bronze représentant des guerriers.

73 — Buffet normand ancien en bois sculpté, orné d'une horloge ancienne.

74 — Table de salle à manger à rallonges.

75 — Quatre chaises et un fauteuil en chêne, recouvert en tapisserie de Belleville, décor fleurs et fruits en relief.

76 — Lit en acajou avec sommier et matelas.

77 — Lit en bois noir avec sommier et table de nuit.

78 — Rideaux de lit et de croisée, en étoffe de fantaisie.

79 — Table de nuit forme secrétaire, en marqueterie, style de Boule.

80 — Coffre-fort.

81 — Six rideaux en étoffe genre algérien, avec embrasses.

82 — Piano.

83 — Collection d'autographes de Scribe, Béranger, Beauvalet, Got, Déjazet, etc.

84 — Tapis en moquette.

85 — Grande bibliothèque tournante en noyer.

86 — Meuble d'encoignure en marqueterie genre Boule ; dessus en marbre.

87 — Grand porte-parapluies en chêne, avec fond de glace.

88 — Étagère d'encoignure en acajou garni de bronzes. Louis XV.

89 — Tabouret à trois pieds en chêne.

90 — Deux tabourets couverts en étoffe de fantaisie.

91 — Broc en ancien cuivre de l'Inde.

92 — Table en chêne.

93 — Table de bureau en chêne. Style Henri II.

94 — Fauteuil de bureau en chêne, couvert en cuir rouge.

95 — Deux fauteuils couverts en cuir.

96 — Table de salle à manger en noyer Henri II, avec quatre rallonges.

97 — Vase forme cache-pot en marbre rouge.

98 — Devant de feu en cuivre de Perse.

99 — Deux grands dressoirs de salle à manger en noyer Henri II.

100 — Devant de feu en cuivre Henri II.

101 — Deux lampes formés par des vases en bronze du Japon.

102 — Table ronde à volets en noyer.

103 — Deux grands fauteuils couverts en cuir bleu.

104 — Deux fauteuils couverts en étoffe de fantaisie.

105 — Chaise légère couverte en étoffe de fantaisie.

106 — Ameublement de chambre à coucher en
noyer sculpté Louis XIII, composé d'un lit
de milieu avec sa literie et une table de nuit.

107 — Chaise légère couverte en peluche.

108 — Écran en bois noir, couvert en étoffe de
fantaisie.

109 — Table en pitchpin.

110 — Toilette en pitchpin, dessus en marbre.

111 — Armoire à glace à trois portes en pitchpin.

112 — Chaise longue en noyer couverte en drap
bleu.

113-114 — Deux tapis de Perse.

115 — Trois coussins de fantaisie.

116 — Deux coussins en drap bleu brodé.

117 — Trois coussins en peluche.

118 — Coussin en satin bleu brodé à fleurs.

119 — Quatre coussins en velours rouge.

120 — Deux galeries en bois doré et peluche rouge. Louis XVI.

121 — Fauteuil de bureau en chêne.

122 — Lustre à six lumières.

123 — Deux pare-étincelles. Style Louis XVI.

124 — Couvre-pieds en satin grenat.

125 — Glace.

126 à 134 — Meubles courants, porcelaines et faïences diverses. (Sera divisé.)

135 — Cabinet en palissandre orné d'incrustations d'ivoire. Louis XIII.

136 — Vitrine à deux battants en bois sculpté. Époque Louis XIV.

137 — Statuette en bronze: Jeune Prieur. Style XVIe siècle.

138 — Statuette en bronze doré : Galilée assis sur une stalle en bois.

139 — Petit meuble d'appui de forme bombée,
s'ouvrant à une porte, orné d'encadrements
et de saillies en bronze, dessin rocaille, dessus en marbre rouge. Style Louis XV.

140 — Tapisserie verdure avec sa bordure.

141 — Baromètre-thermomètre en bois sculpté.
Louis XVI.

142 — Applique à gaz à trois lumières en bronze.

143 à 149 — Divers bois sculptés.

BIJOUX, OBJETS DE VITRINE

150 — Boîte en or.

151 — Bague en or enrichie d'une émeraude.

152 — Paire de boutons d'oreilles formés de gros
brillants.

153 — Paire de boutons d'oreilles composés de
deux rubis entourés de roses.

154 — Bracelet forme fer à cheval, en or enrichi
de saphirs et de roses.

155 — Bracelet en or enrichi d'une émeraude et
de vingt-huit brillants.

156 — Bague en or, émail et turquoise.

157 — Bague en or enrichie d'une perle et de
dix brillants.

158 — Bague marquise en or enrichie d'un saphir
entouré de brillants.

159 — Bague en or enrichie d'une émeraude et
de huit brillants.

160 — Bague forme trèfle en or enrichie de
perles fines.

161 — Épingle forme trèfle en rubis, saphirs et
brillants.

162 — Épingle composée d'une perle entourée
de huit brillants.

163 — Broche forme trèfle en grenats et brillants

164 — Paire de boutons d'oreilles formés de
deux saphirs et de vingt-quatre brillants.

165 — Croix en or enrichie de sept brillants.

166 — Broche-barrette en grenats, perles fines et roses.

167 — Paire de boutons d'oreilles en or, onyx et roses.

168 — Deux épingles à coiffure en turquoises et roses.

169 — Broche en argent formée d'un camée dur et de perles fines.

170 — Deux bracelets en argent doré forme trèfles en turquoises fines.

171 — Boucle en argent ancien et topazes.

172 — Boîte ancienne en nacre, argent et or.

173 — Reliquaire en or ancien et cristal de roche.

174 — Pendentif ancien avec miniature.

175 — Trois boutons de chemise formés de trois perles fines de fantaisie.

176 — Statuette en argent ancien.

177 — Douze couteaux en argent.

178 — Service à déjeuner en argent et émail.

179 — Objets non catalogués.

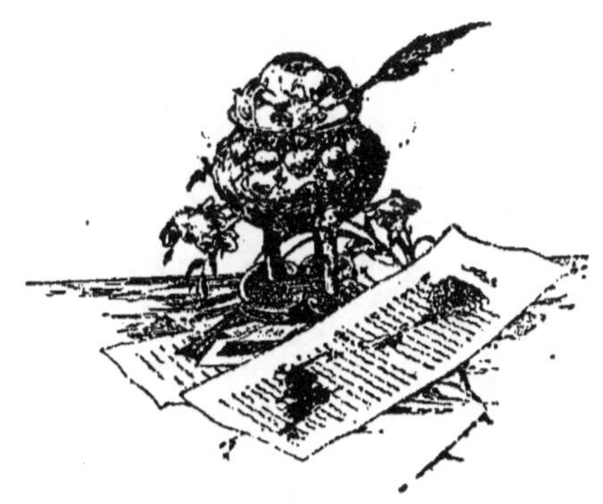

www.ingramcontent.com/pod-product-compliance
Lightning Source LLC
LaVergne TN
LVHW010823180726
843502LV00009B/3498